Impressum
Verlag: BABADADA GmbH, Nedderfeld 112 , 22529 Hamburg
Geschäftsführer / Verlagsleitung: Harald Hof
Druck: Books on Demand GmbH, In de Tarpen 42, 22848 Norderstedt

Imprint
Publisher: BABADADA GmbH, Nedderfeld 112 , 22529 Hamburg, Germany
Managing Director / Publishing direction: Harald Hof
Print: Books on Demand GmbH, In de Tarpen 42, 22848 Norderstedt, Germany

المدرسة

de School

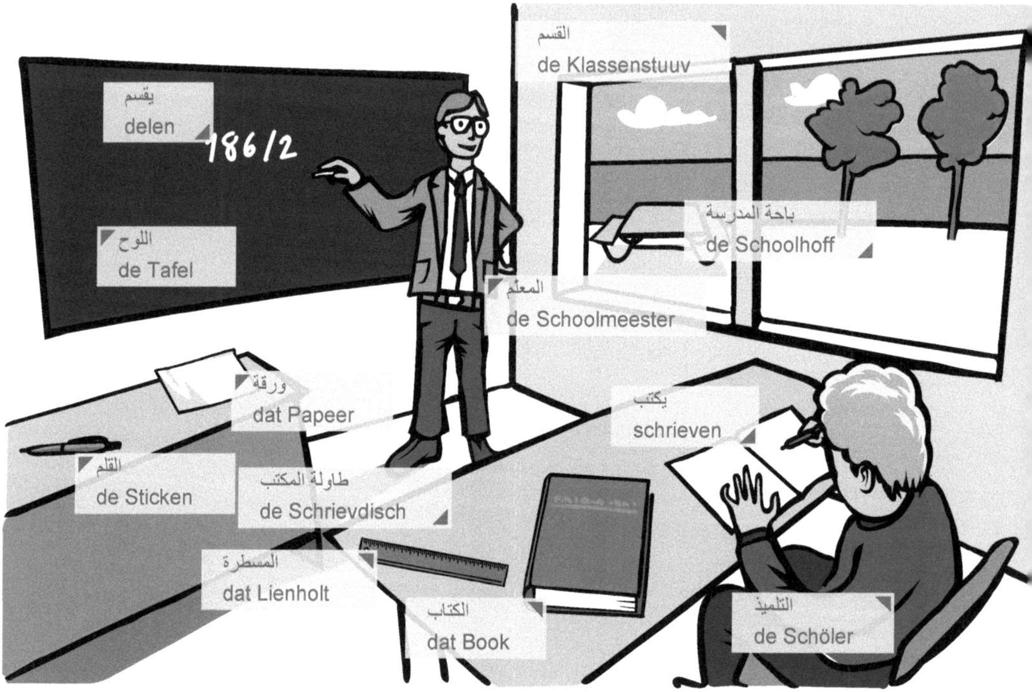

القسم
de Klassenstuuv
يقسم
delen
186/2
اللوح
de Tafel
باحة المدرسة
de Schoolhoff
المعلم
de Schoolmeester
ورقة
dat Papeer
يكتب
schrieven
القلم
de Sticken
طاولة المكتب
de Schrievdisch
المسطرة
dat Lienholt
الكتاب
dat Book
التلميذ
de Schöler

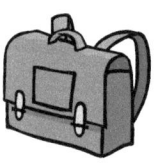

الحقيبة المدرسية
....
de Ranzel

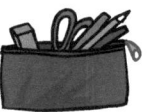

المقلمة
....
de Feddermapp

قلم الرصاص
....
de Bleesticken

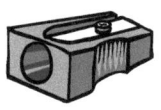

البرّاية
....
de Scharpmaker

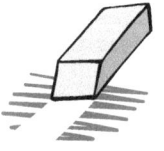

المِمحاة
....
dat Radeergummi

دفتر الرسم
....
de Tekenblock

الرسمة
....
de Teken

الفرشاة
....
de Pinsel

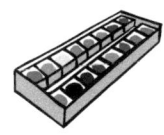

علبة التلوين
....
de Malkassen

المقص
....
de Scheer

المادة اللاصقة
....
de Klever

دفتر التمارين
....
dat Heft to'n Öven

الواجب المدرسي
....
de Huusopgaav

12

الرقم
....
de Tall

2+2

يجمع
....
tohooptellen

5-2

يطرح
....
aftrecken

2×2

يضرب
....
malnehmen

يحسب
....
reken

A

الحرف
....
de Bookstaav

**ABCDEFG
HIJKLMN
OPQRSTU
VWXYZ**

الأبجدية
....
dat ABC

كلمة
....
dat Woort

النص

de Text

يقرأ

lesen

الطبشور

de Kried

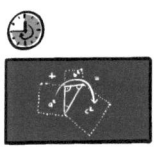

الحصة

de Stunn

دفتر الدوام المدرسي

dat Klassenbook

الامتحان

de Pröven

شهادة

dat Tüügnis

اللباس المدرسي

de Schooluniform

التعليم

de Utbillen

الموسوعة

dat Nakieksel

الجامعة

de Universität

المجهر

dat Mikroskop

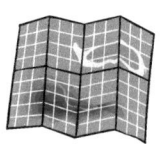

الخريطة

de Koort

قماما

de Papeerkorf

سفر

de Törn

فندق
dat Hotel
Grand
بيت الشباب
de Harbarg
ROOMS
EXCHANGE
مكتب صرافة
de Wesselstuuv
حقيبة
de Kuffer
سيارة
dat Auto

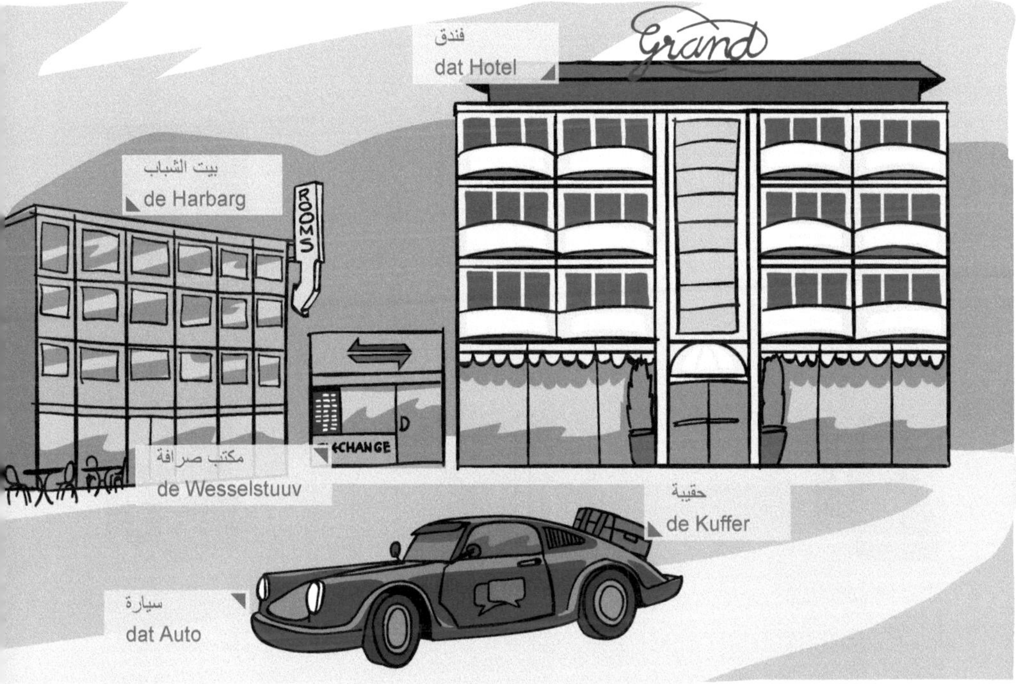

اللغة

de Spraak

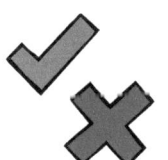

نعم / لا

jo / ne

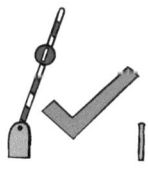

حسناً

Jo

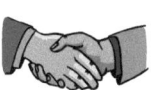

مرحباً

Moin

مترجم

de Översetter

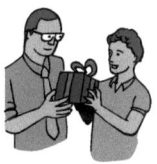

شكراً

Dank ok

كم ثمن ...؟

Wat kost...?

لا أفهم

Ik verstah nich

مشكلة

dat Problem

مساء الخير

Goden Avend

صباح الخير!

Moin!

ليلة سعيدة

Gode Nacht!

إلى اللقاء

Tschüüs

اتجاه

de Richt

أمتعة السفر

de Bagaasch

حقيبة

de Tasch

حقيبة ظهر

de Rüchsack

ضيف

de Gast

غرفة

de Stuuv

كيس للنوم

de Slaapsack

خيمة

dat Telt

استعلامات سياحية

e Touristeninformatschoon

شاطئ

de Strand

بطاقة انتمان

de Kreditkoort

إفطار

dat Fröhstück

طعام الغداء

dat Meddageten

العشاء

dat Avendeten

بطاقة سفر

de Fohrkort

مصعد

de Fohrstohl

طابع بريدي

de Breefmark

حدود

de Grenz

الجمارك

de Toll

سفارة

de Bottschop

تأشيرة

dat Visum

جواز سفر

de Pass

نقل

de Transport

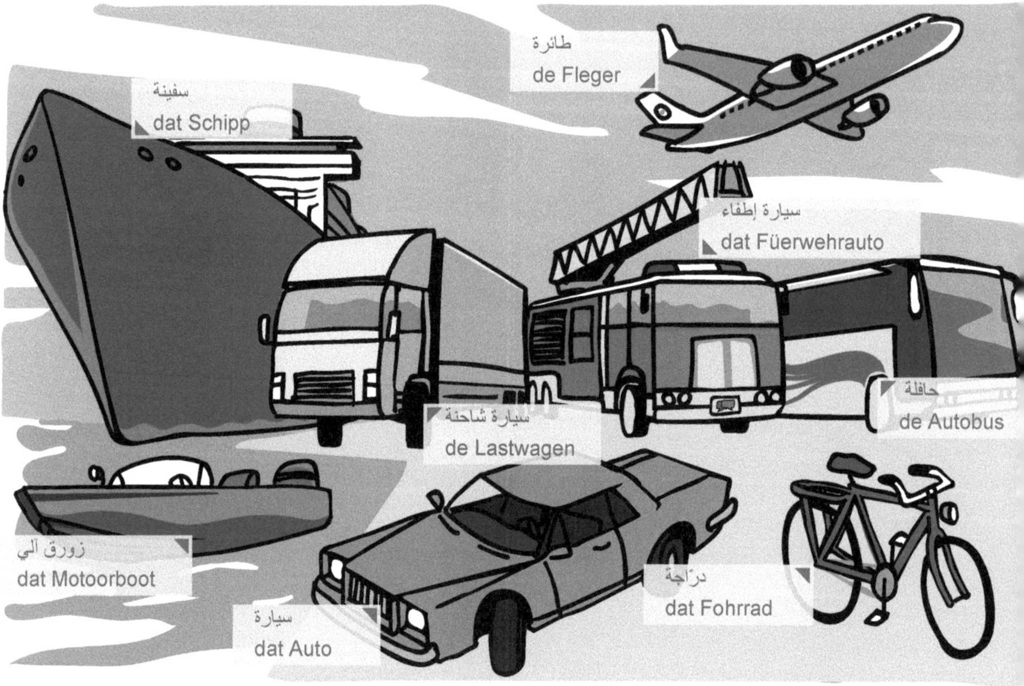

طائرة
de Fleger
سفينة
dat Schipp
سيارة إطفاء
dat Füerwehrauto
سيارة شاحنة
de Lastwagen
حافلة
de Autobus
زورق آلي
dat Motoorboot
درّاجة
dat Fohrrad
سيارة
dat Auto

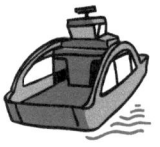

عبارة

de Fähr

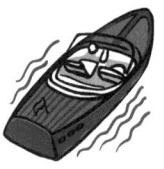

قارب

dat Boot

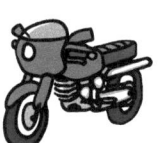

دراجة نارية

dat Motoorrad

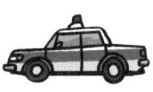

سيارة شرطة

dat Polizeiauto

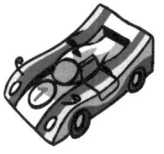

سيارة سباق

dat Rönnauto

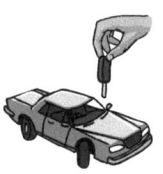

سيارة مستأجرة

de Lehnwagen

أسلوب تشاركي في استئجار السيارات

....

dat Carsharing

سيارة للجر

....

de Afsleepwagen

سيارة نقل القمامة

....

dat Müllauto

محرك

....

de Motoor

وقود

....

de Kraftstoff

محطة وقود

....

de Tanksteed

إشارة مرور

....

dat Verkehrsschild

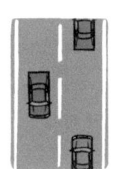

حركة السير

....

de Verkehr

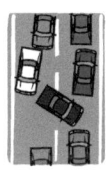

ازدحام سير

....

de Stau

موقف سيارات

....

de Afstellplatz

محطة قطار

....

de Bahnhoff

سكك حديدية

....

de Sporen

قطار

....

de Tog

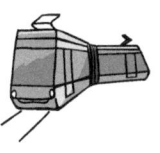

ترام

....

de Stratenbahn

عربة قطار

....

de Wagon

طائرة مروحية

de Dwarsmöhl

مطار

de Flooghaven

برج

de Tower

مسافر

de Fohrgast

حاوية

de Grootkist

علبة كرتون

de Karton

عربة يد

de Koor

سلّة

de Korf

يقلع / يهبط

starten / lannen

مدينة

de Stadt

قرية

dat Dörp

مركز المدينة

de Binnenstadt

بيت

dat Huus

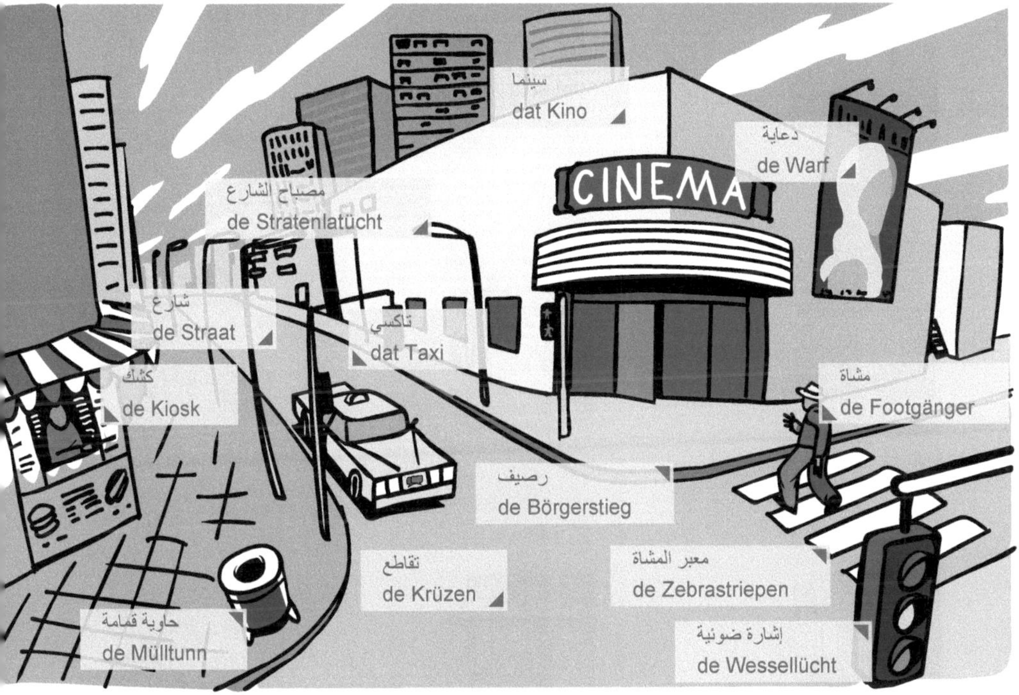
سينما
dat Kino
دعاية
de Warf
CINEMA
مصباح الشارع
de Stratenlatücht
شارع
de Straat
تاكسي
dat Taxi
كشك
de Kiosk
مشاة
de Footgänger
رصيف
de Börgerstieg
تقاطع
de Krüzen
معبر المشاة
de Zebrastriepen
حاوية قمامة
de Mülltunn
إشارة ضوئية
de Wessellücht

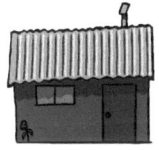

كوخ

de Hütt

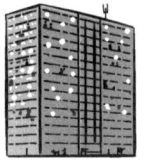

شقة

de Wahnung

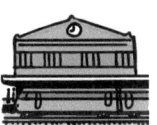

محطة قطار

de Bahnhoff

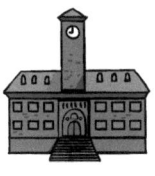

دار البلدية

dat Raathuus

MUSEUM

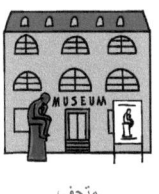

متحف

dat Museum

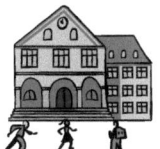

المدرسة

de School

الجامعة

de Universität

مصرف

de Bank

المستشفى

dat Krankenhuus

فندق

dat Hotel

صيدلية

de Afteek

مكتب

dat Büro

مكتبة

de Bookhökerie

متجر

de Hökerie

محل لبيع الزهور

de Blomenhökerie

سوبرماركت

de Supermarkt

سوق

de Markt

متجر كبير

dat Koophuus

تاجر السمك

de Fischhökerie

مركز تسوّق

dat Inkoopszentrum

ميناء

de Haven

حديقة عامة

de Parkanlaag

مقعد

de Bank

جسر

de Brüch

درج، سلم

de Trepp

مترو

de Ünnergrundbahn

نفق

de Tunnel

موقف حافلات

de Busstoppsteed

بار

de Bar

مطعم

dat Spieslokal

صندوق البريد

de Breefkassen

لافتة باسم الشارع

dat Stratenschild

مقياس زمن الوقوف

de Parkklock

حديقة حيوانات

de Deertenpark

مسبح

de Baadanstalt

مسجد

de Moschee

مزرعة

de Buernhoff

تلوث البيئة

de Ümweltversmudden

مقبرة

de Karkhoff

كنيسة

de Kark

ملعب الأطفال

de Speelplatz

معبد

de Tempel

طبيعة ريفية

de Landschop

ورقة
dat Blatt

علامة إرشاد
de Wiespahl

طريق
de Weg

مرج
de Wisch

حجر
de Steen

شجرة
de Boom

رحالة
de Wannerer

نهر
de Fluss

عشب
dat Gras

زهرة
de Bloom

وادٍ

dat Daal

جبل

de Barg

بحيرة

de See

غابة

dat Holt

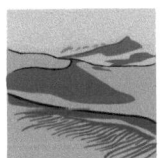

صحراء

de Wööst

بركان

de Füerspien Barg

قلعة

dat Slott

قوس قزح

de Regenbagen

فطر

de Poggenstohl

نخلة

de Palm

بعوض

de Steekmück

ذبابة

de Fleeg

نملة

de Miegeemk

نحلة

de Imm

عنكبوت

de Spinn

خنفساء

de Sebber

ضفدعة

de Pogg

سنجاب

de Katteker

قنفذ

de Swienegel

أرنب

de Haas

بومة

de Uul

عصفور

de Vagel

بجعة

de Swaan

خنزير برّي

dat Wildswien

غزال

de Hirsch

إلكة

de Elk

سد

de Staudamm

دولاب الطاحونة الهوائية

dat Windrad

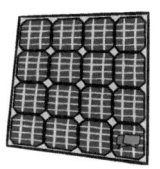

خلية شمسية

dat Solarmodul

مناخ

dat Klima

مطعم

dat Spieslokal

نادل
de Kellner

لائحة الطعام
de Spieskoort

كرسي
de Stohl

حساء
de Supp

بيتزا
de Pizza

أدوات المائدة
dat Bestick

غطاء المائدة
de Dischdeek

مقبلات
de Vörspies

الصحن الرئيسي
dat Haupteten

حلوى أو فاكهة بعد الطعام
de Nadisch

مشروبات
de Drünk

طعام
dat Eten

زجاجة
de Buddel

وجبات سريعة

dat Fastfood

طعام الشارع

dat Strateneten

إبريق الشاي

de Teekann

علبة السكر

de Zuckerdoos

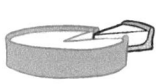

حصّة

de Portschoon

آلة الإسبريسو

de Espressomaschien

كرسي عالٍ

de Hoochstohl

فاتورة

de Reken

صينية

dat Tablett

سكين

dat Mess

شوكة

de Gavel

ملعقة

de Lepel

ملعقة الشاي

de Teelepel

منديل المائدة

dat Munddook

كأس

dat Glas

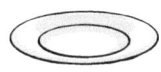

صحن
....
de Töller

صحن الحساء
....
de Suppentöller

صحن الفنجان
....
de Ünnertass

صلصة
....
de Sooß

مملحة
....
de Soltstreuer

مطحنة الفلفل
....
de Pepermöhl

خلّ
....
de Etig

زيت الطعام
....
dat Ööl

توابل
....
de Krüder

كتشاب
....
de Ketchup

خردل
....
de Mostrich

مايونيز
....
de Mayonnaise

سوبرماركت

de Supermarkt

عرض خاص
dat Anbott
FOR
زبون
de Kunn
مشتقات الحليب
de Melkprodukten
فواكه
dat Aaft
عربة تسوّق
de Inkoopswagen

BUTCHERS

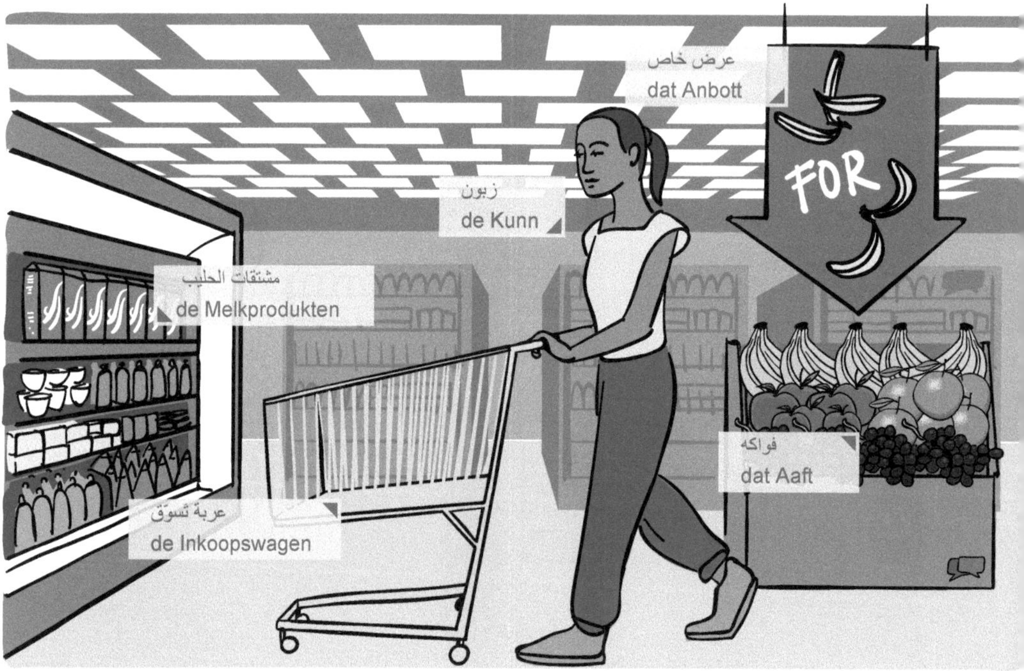

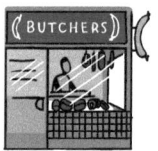

جزّار

....

de Slachterie

BAKERY

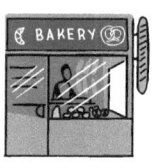

مخبز

....

de Bäckerie

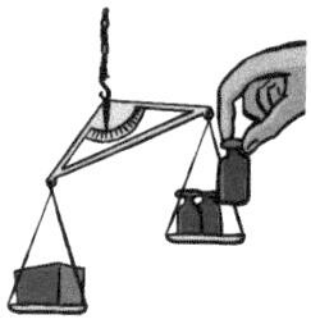

يزن

....

wegen

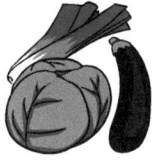

خضار

....

de Gröönsaken

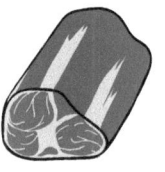

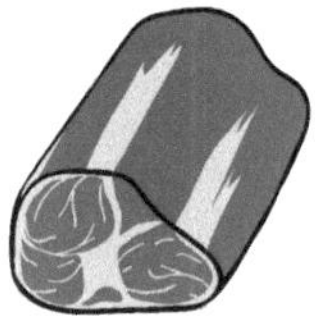

لحم

....

dat Fleesch

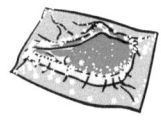

المأكولات المجمّدة

....

de Deepköhlkost

مرتدلا أو جبن

de Opsnitt

معلبات

de Konserven

مسحوق الغسيل

de Waschmiddel

حلويات

de Snoopkraam

المواد المنزلية

de Huushooltssaken

منظفات

de Reinmaaktüüch

بائعة

de Verköpersche

صندوق الحساب

de Kass

أمين صندوق

de Kasserer

قائمة المشتريات

de Inkoopslist

أوقات العمل

de Opsparrtieden

محفظة النقود

de Breeftasch

بطاقة ائتمان

de Kreditkoort

حقيبة

de Tasch

كيس بلاستيكي

de Plastiktüüt

ماء
dat Water

عصير
de Saft

حليب
de Melk

كولا
de Cola

نبيذ
de Wien

بيرة
dat Beer

كحول
de Spriet

كاكاو
de Kakao

شاي
de Tee

قهوة
de Koffie

قهوة إسبريسو
de Espresso

كابوتشينو
de Cappucino

موزة

de Banaan

تفاح

de Appel

برتقال

de Appelsien

بطيخ

de Meloon

ليمون

de Zitroon

جزرة

de Wöttel

ثوم

de Knuuvlook

خيزران

de Bambus

بصل

de Zibbel

فطر

de Poggenstohl

لوزيات

de Nööt

شعيرية

de Nudeln

سباغيتي

de Spaghetti

أرزّ

de Ries

سلطة

de Salat

بطاطا مقلية

de Pommes frites

بطاطا مقلية

de Braadkantüffeln

بيتزا

de Pizza

هامبورغر

de Hamborger

ساندويش

dat Sandwich

شريحة لحم مقلية

dat Snitzel

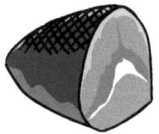

لحم خنزير

de Schinken

سلامي

de Salami

سجق

de Wust

دجاج

dat Hohn

لحم محمر

de Braden

سمك

de Fisch

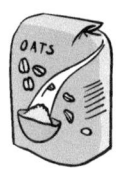

دقيق الشوفان
....
de Haverflocken

موسلي
....
dat Müsli

كورن فلكس
....
de Cornflakes

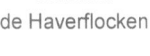

طحين
....
dat Mehl

كرواسان
....
de Croissant

خبز صغير
....
dat Rundstück

خبز
....
dat Broot

خبز محمص
....
dat Toast

بسكويت
....
de Keksen

زبدة
....
de Botter

لبن زبادي
....
de Quark

كعكة
....
de Koken

بيضة
....
dat Ei

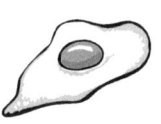

بيض مقلي
....
dat Spegelei

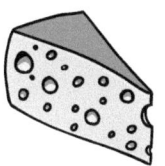

جبنة
....
de Kees

مثلجات

de Ies

سكر

de Zucker

عسل

de Honnig

مربّى الفاكهة

de Marmelaad

كريم النوغا

de Nougat-Creme

الكاري

dat Curry

مزرعة

de Buernhoff

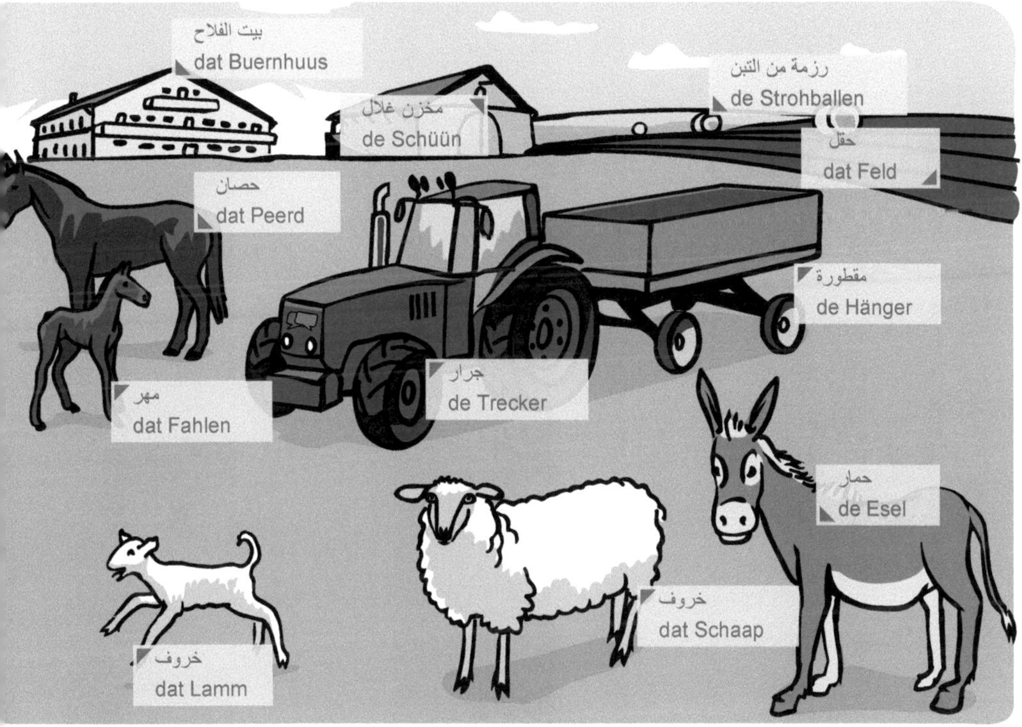

بيت الفلاح
dat Buernhuus
مخزن غلال
de Schüün
رزمة من التبن
de Strohballen
حقل
dat Feld
حصان
dat Peerd
مقطورة
de Hänger
جرار
de Trecker
مهر
dat Fahlen
حمار
de Esel
خروف
dat Schaap
خروف
dat Lamm

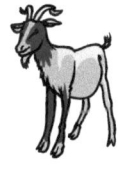

ماعز

de Zeeg

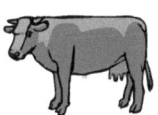

بقرة

de Koh

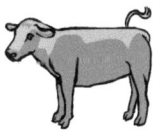

عجل

dat Kalf

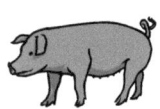

خنزير

dat Swien

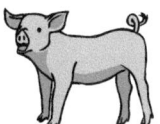

خنزير صغير

dat Farken

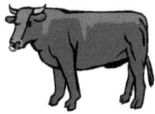

ثور

de Bull

إوزّة

de Goos

بطة

de Aant

صوص

dat Küken

دجاجة

dat Hohn

ديك

de Hahn

جرذ

de Rott

قطة

de Katt

فأر

de Muus

ثور

de Oss

كلب

de Hund

كوخ الكلب

de Hunnenhütt

خرطوم الحديقة

de Goornslauch

إبريق

de Geetkann

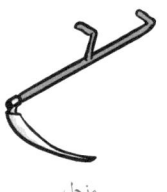

منجل

de Lee

المحراث

de Ploog

منجل

de Sich

معزقة

de Hack

مذراة الزبل

de Mestfork

بلطة

de Ext

عربة يد

de Schuufkoor

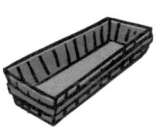

معلف

de Trog

صفيحة الحليب

de Melkkann

كيس

de Sack

سياج

de Tuun

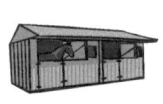

اصطبل

de Stall

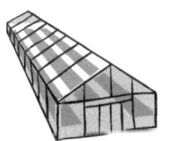

دفيئة

dat Drievhuus

تربة

de Bodden

بذور

de Saat

سماد

de Dünger

حصّادة درّاسة

de Meihdöscher

يحصد
....
oornen

محصول
....
de Oorn

بطاطا يامس
....
de Yamswöttel

قمح
....
de Weten

صويا
....
dat Soja

بطاطا
....
de Kantüffel

ذرة
....
de Törksche Weten

سلجم
....
de Rapp

شجرة فاكهة
....
de Aaftboom

نبات منيهوت
....
de Troopsch Kantüffel

الحبوب
....
dat Koorn

بيت
dat Huus

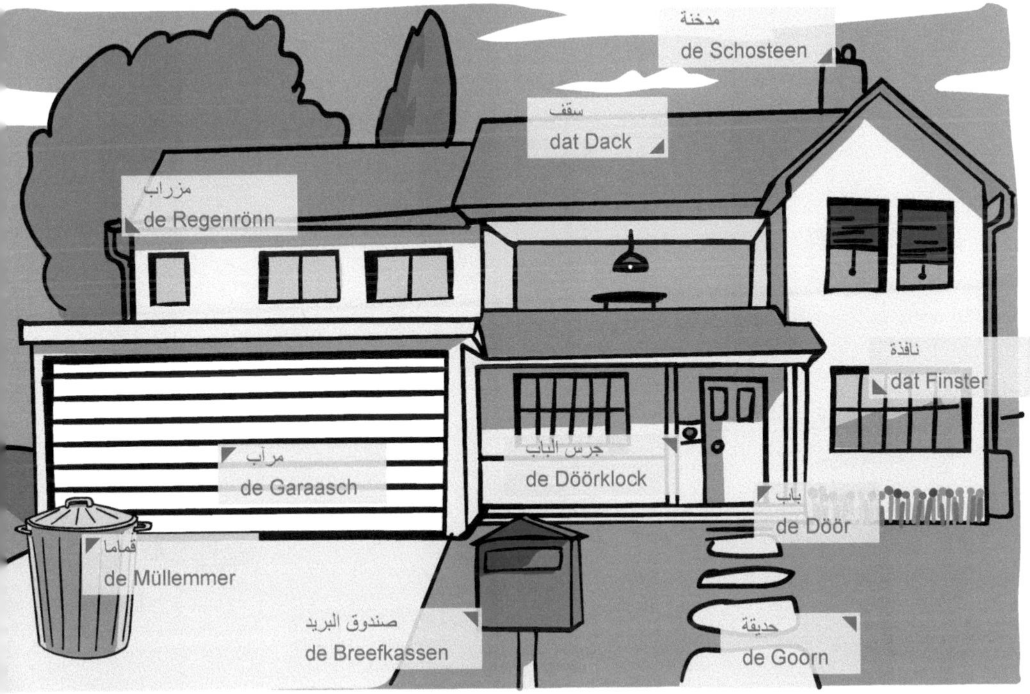

مدخنة
de Schosteen
سقف
dat Dack
مزراب
de Regenrönn
نافذة
dat Finster
مرآب
de Garaasch
جرس الباب
de Döörklock
باب
de Döör
قماما
de Müllemmer
صندوق البريد
de Breefkassen
حديقة
de Goorn

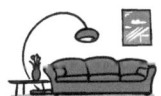

غرفة جلوس
....
de Wahnstuuv

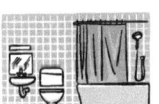

الحمّام
....
de Baadstuuv

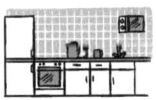

مطبخ
....
de Köök

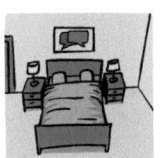

غرفة النوم
....
de Slaapstuuv

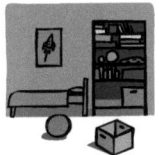

غرفة الأطفال
....
de Kinnerstuuv

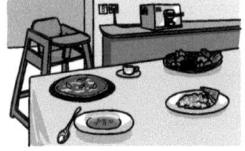

غرفة الطعام
....
de Eetstuuv

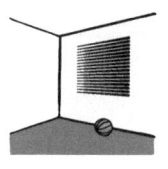

أرضية
....
de Footbodden

حائط
....
de Wand

سقف
....
de Deek

قبو
....
de Keller

ساونا
....
dat Hittluftbad

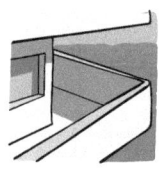

بلكون
....
de Balkon

شرفة
....
de Terrass

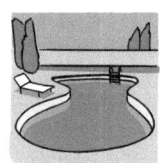

مسبح
....
dat Swümmbad

جزّازة العشب
....
de Rasenmeiher

بياضات السرير
....
de Bettbetog

بطانية
....
de Bettdeek

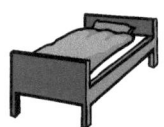

سرير
....
de Puuch

مكنسة
....
de Bessen

de Emmer
....
سطل

مفتاح كهربائي
....
de Schalter

غرفة جلوس

de Wahnstuuv

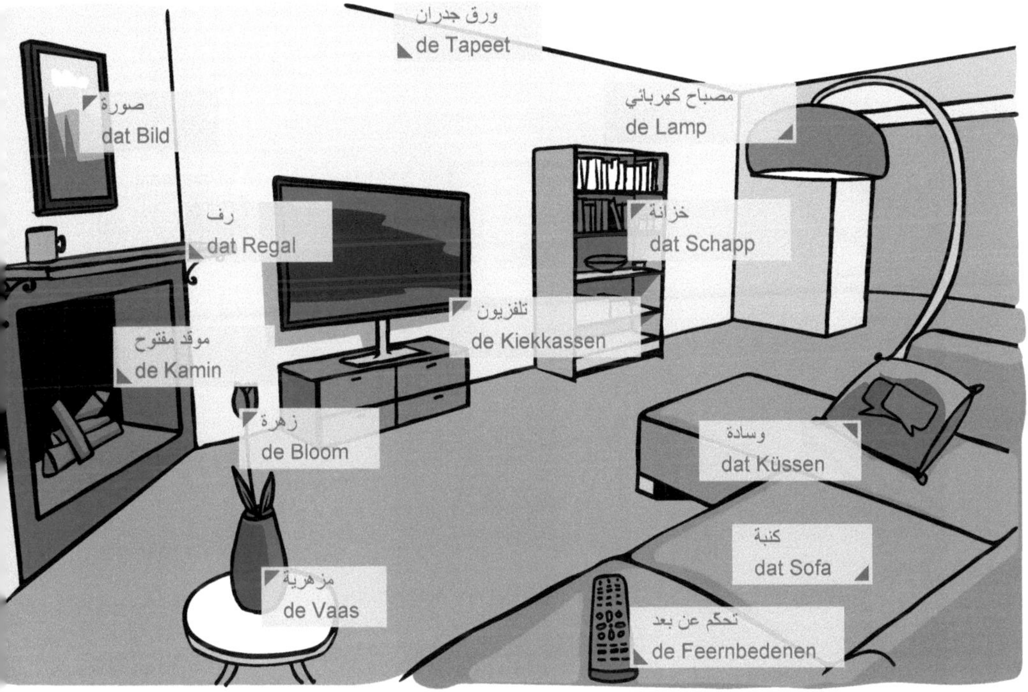
ورق جدران
de Tapeet
صورة
dat Bild
مصباح كهربائي
de Lamp
رف
dat Regal
خزانة
dat Schapp
تلفزيون
de Kiekkassen
موقد مفتوح
de Kamin
زهرة
de Bloom
وسادة
dat Küssen
كنبة
dat Sofa
مزهرية
de Vaas
تحكم عن بعد
de Feernbedenen

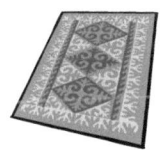

بصاط

de Teppich

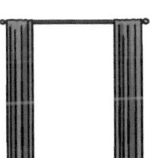

ستارة

de Vörhang

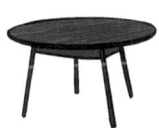

طاولة

de Disch

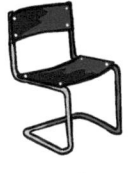

كرسي

de Stohl

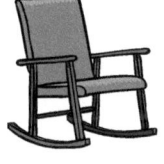

كرسي هزّاز

de Schuckelstohl

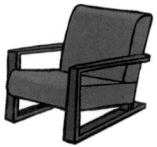

كرسي ذو ذراعين

de Sessel

الكتاب

dat Book

بطانية

de Deek

زخرفة

de Dekoratschoon

الحطب

dat Füerholt

فيلم

de Film

تجهيزات ستيريو

de Stereoanlaag

مفتاح

de Slötel

جريدة

dat Narichtenblatt

لوحة مرسومة

dat Gemälde

مُلصق

dat Poster

راديو

dat Radio

دفتر ملاحظات

de Opschrievblock

المكنسة الكهربائية

de Huulbessen

صبّار

de Kaktus

شمعة

de Kars

مطبخ
de Köök

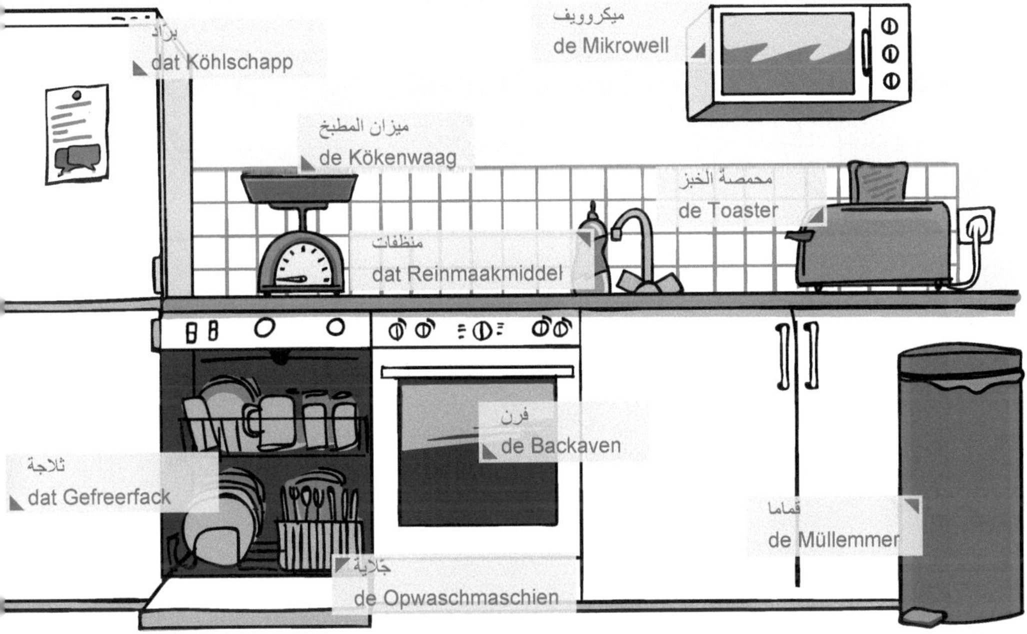

برّاد
dat Köhlschapp
ميكروويف
de Mikrowell
ميزان المطبخ
de Kökenwaag
محمصة الخبز
de Toaster
منظفات
dat Reinmaakmiddel
فرن
de Backaven
ثلاجة
dat Gefreerfack
قمامة
de Müllemmer
جَلاية
de Opwaschmaschien

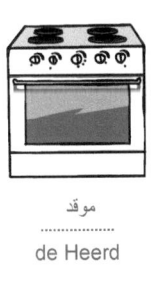

موقد
....
de Heerd

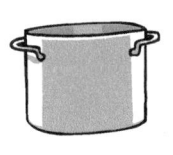

قِدر
....
de Pott

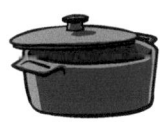

وعاء من الحديد
....
de Gussiesern Putt

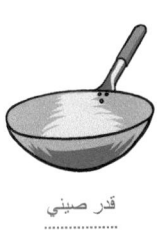

قدر صيني
....
de Wok / Kadai

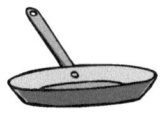

مقلاة
....
de Pann

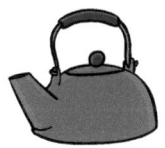

غلاية
....
de Waterkaker

قدر البخار

de Dampkaakputt

صينية

dat Backblick

أواني

dat Geschirr

فنجان

de Beker

صحن

de Schaal

عيدان الأكل

de Eetsticken

مغرفة

de Suppenkell

ملعقة منبسطة

de Pannenwenner

خفاقة

de Sneebessen

مصفاة

dat Kaakseef

مصفاة

dat Seef

مبشرة

de Riev

هاون

de Mörser

شواء

de Grill

موقد

de Füerstell

لوح التقطيع

dat Sniedbrett

نشابة

dat Nudelholt

مفتاح الزجاجات

de Proppentrecker

علبة

de Doos

مفتاح العلب المعدنية

de Dosenaapner

قماش الفرن

de Pottlappen

مجلى

dat Waschbecken

فرشاة

de Böst

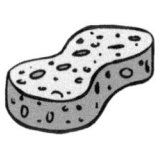

إسفنج

de Swamm

خلاط

de Mixer

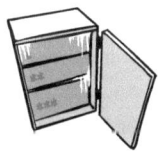

مجمّدة

dat Iesschapp

زجاجة الطفل

de Nuckelbuddel

صنبور الماء

de Waterhahn

الحمّام

de Baadstuuv

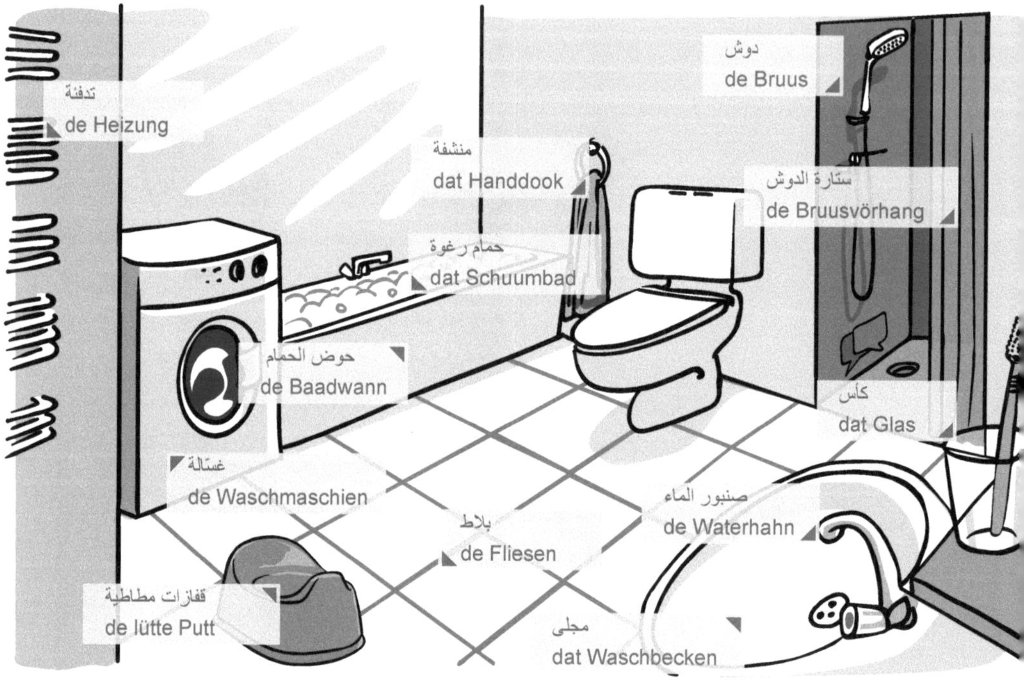

تدفئة
de Heizung

دوش
de Bruus

منشفة
dat Handdook

ستارة الدوش
de Bruusvörhang

حمام رغوة
dat Schuumbad

حوض الحمّام
de Baadwann

كأس
dat Glas

غسّالة
de Waschmaschien

بلاط
de Fliesen

صنبور الماء
de Waterhahn

قفازات مطاطية
de lütte Putt

مجلى
dat Waschbecken

حمام
de Tante Meier

مرحاض القرفصاء
de Hockklo

حوض التشطيف
dat Bidet

مبولة
dat Miegbecken

ورق المرحاض
dat Klopapeer

فرشاة الحمّام
de Kloböst

فرشاة الأسنان

de Tähnböst

معجون الأسنان

de Tähnpast

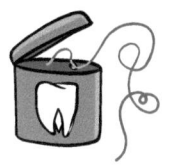

خيط حرير لتنظيف الأسنان

de Tähnsied

يغسل

waschen

رشاش ماء يدوي

de Handbruus

شطاف

de Intimbruus

حوض الغسيل

de Waschschöttel

فرشاة الظهر

de Rüchböst

صابون

de Seep

جيل الدوش

dat Bruusgeel

شامبو

dat Hoorwaschmiddel

ممسحة

de Waschlappen

مصرف للماء

de Afloop

مرهم

de Creme

مزيل الروائح

dat Deodorant

مرآة
....
de Spegel

مرآة يد
....
de Kosmetikspegel

موس حلاقة
....
de Raserer

رغوة الحلاقة
....
de Raseerschuum

كولونيا
....
dat Raseerwater

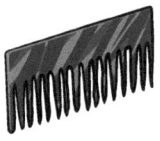

مشط
....
de Kamm

فرشاة
....
de Böst

سشوار
....
de Hoordröger

مثبت للشعر
....
dat Hoorspray

ماكياج
....
de Smink

روج
....
de Lippensticken

طلاء أظافر
....
de Nagellack

قطن
....
de Watt

مقص أظافر
....
de Nagelscheer

عطر
....
dat Rüükwater

سلّة الغسيل

de Kulturbüdel

مقعد صغير

de Schemel

ميزان

de Waag

معطف الحمام

de Baadmantel

قفازات مطاطية

de Gummihanschen

سدادة قطنية

de Tampon

منشفة صحية

de Damenbinn

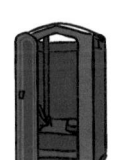

تواليت كيميائية

dat Chemieklo

غرفة الأطفال
de Kinnerstuuv

منبه
de Wecker
الحيوانات المحنطة
dat Knudeldeert
سيارة لعبة
dat Speeltüüchauto
خشخشة
de Klöter
بيت الدمى
dat Poppenhuus
هدية
dat Geschenk

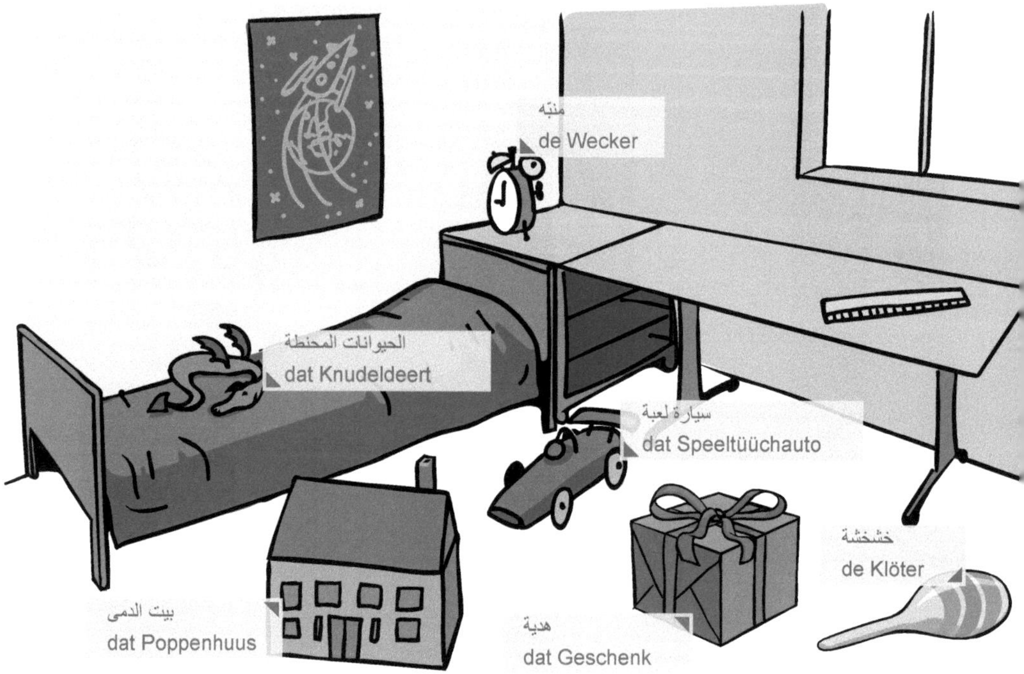

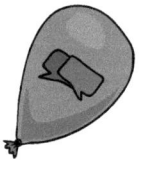

بالون
....
de Luftballon

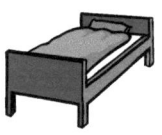

سرير
....
de Puuch

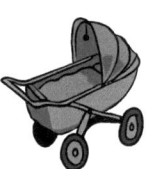

عربة الأطفال
....
de Kinnerwagen

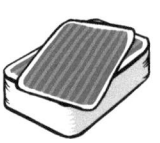

لعبة الورق
....
dat Koortenspeel

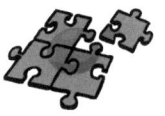

أحجية
....
dat Puzzle

SUPER
MEGA

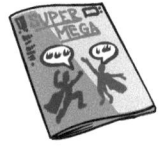

رسوم هزلية
....
de Billergeschicht

أحجار الليغو

de Legostenen

حجارة تركيب

de Bustenen

دمية بطل

de Action-Figur

لباس الطفل

de Strampelantog

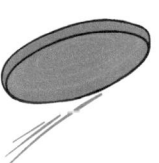

فريسبي

de Frisbeeschiev

دمية معلّقة

dat Mobile

لعبة الطاولة

dat Brettspeel

لعبة النرد

de Wörpel

لعبة قطار

de Modelliesenbahn

مصّاصة

de Snuller

حفلة

de Party

كتاب مصوّر

dat Billerbook

كرة

de Ball

دمية

de Popp

يلعب

spelen

ملعب رملي للأطفال

de Sandkassen

أرجوحة

de Schuckel

لعبة

dat Speeltüüch

ألعاب فيديو

de Speelkonsool

دراجة ثلاثية

dat Dreerad

دمية على شكل الدب

de Teddyboor

خزانة الثياب

dat Klederschapp

جوارب قصيرة

de Socken

جوارب طويلة

de Strümp

جورب بنطلون

de Strumpbüx

شال
dat Halsdook

ثمسية
de Paraplü

تي شيرت
dat T-Shirt

حزام
de Liefreem

حذاء شتوي
de Stevel

شبشب
de Puuschen

أحذية رياضية
de Turnschoh

صندل
....
de Sandalen

حذاء
....
de Schoh

جزمة كاوتشوك
....
de Gummistevel

سروال داخلي
....
de Ünnerbüx

صدّارة
....
de Bostholler

قميص داخلي
....
dat Ünnerhemd

لباس ملاصق للجسم
....
de Lief

بنطلون
....
de Büx

جينز
....
de Jeansnüx

تنورة
....
de Rock

بلوزة
....
de Bluus

قميص
....
dat Hemd

سترة قطنية
....
de Pullover

كنزة كم طويل
....
de Kapuzenpullover

سترة فضفاضة
....
de Blazer

سترة
....
de Jack

معطف
....
de Mantel

معطف مطري
....
de Övertrecker

زي - طقم نسائي
....
dat Kostüm

ثوب
....
dat Kleed

ثوب الزفاف
....
dat Hochtietskleed

طقم
....
de Antog

قميص نوم
....
dat Nachtkleed

بيجاما
....
de Slaapantog

ساري
....
de Sari

حجاب
....
dat Koppdook

عمامة
....
de Turban

برقع
....
de Burka

قفطان
....
de Kaftan

عباءة
....
de Abaya

مايوه
....
de Baadantog

سروال سباحة
....
de Baadbüx

شرت
....
de Korte Büx

بدلة رياضية
....
de Antog to'n Öven

منزر
....
de Schört

قفازات
....
de Handschoh

زر
de Knopp

نظّارة
de Brill

إسوارة
dat Armband

عِقد
de Halskeed

خاتم
de Ring

قُرط
de Ohrbummel

طاقيّة
de Mütz

علاقة ثياب
de Klederbögel

قَبّعة
de Hoot

ربطة العنق
de Binner

سحّاب
de Rietslüter

خوذة
de Helm

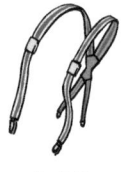

حمّالة البنطلون
dat Drachtband

اللباس المدرسي
de Schooluniform

زي موحّد
de Uniform

مريلة الأطفال

de Severböten

مصّاصة

de Snuller

لفافة

de Winnel

مكتب
dat Büro

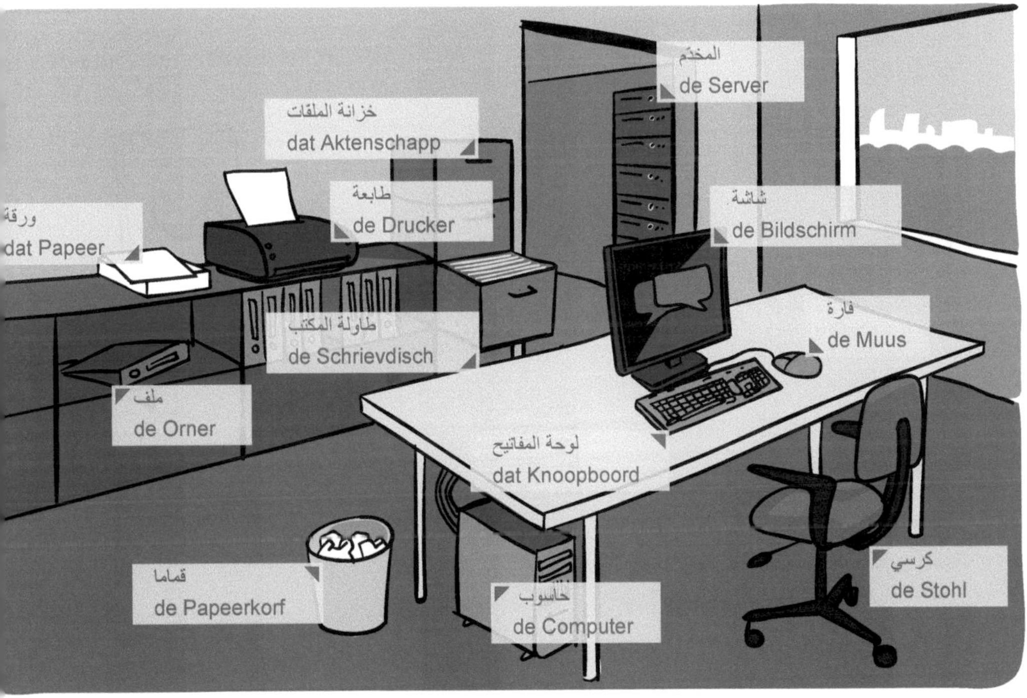

المخدّم
de Server

خزانة الملفات
dat Aktenschapp

طابعة
de Drucker

شاشة
de Bildschirm

ورقة
dat Papeer

طاولة المكتب
de Schrievdisch

فارة
de Muus

ملف
de Orner

لوحة المفاتيح
dat Knoopboord

قماما
de Papeerkorf

حاسوب
de Computer

كرسي
de Stohl

كأس من القهوة

de Koffiebeker

الآلة الحاسبة

de Taschenreekner

الإنترنت

dat Internet

الحاسوب المحمول

de Klappreekner

رسالة

de Breef

خبر

de Naricht

الهاتف المحمول

de Ackersnacker

شبكة

dat Nettwark

جهاز تصوير

de Kopeerapparat

البرمجيات

de Software

هاتف

de Klöönkassen

مقبس كهربائي

de Steekdoos

فاكس

de Faxapparat

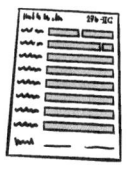

استمارة

dat Formulor

وثيقة

dat Dokument

de Weertschop

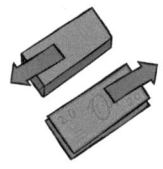

يشتَري
köpen

يدفع
betahlen

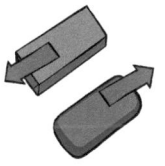

يتاجر
hanneln

مال
dat Geld

دولار
de Dollar

يورو
de Euro

ين
de Yen

روبل
de Ruvel

فرنك سويسري
de Swiezer Franken

يوان
de Renminbi Yuan

روبية
de Rupie

صرّاف آلي
de Geldautomat

مكتب صرافة
....
de Wesselstuuv

ذهب
....
dat Gold

فضة
....
dat Sülver

نفط
....
dat Ööl

طاقة
....
de Energie

سعر
....
de Pries

عقد
....
de Verdrag

ضريبة
....
de Stüer

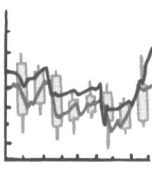

سهم
....
de Andeelschien

يعمل
....
arbeiden

موظف
....
de Anstellte

رب العمل
....
de Arbeitgever

مصنع
....
de Fabrik

متجر
....
de Hökerie

المِهَن

de Profeschonen

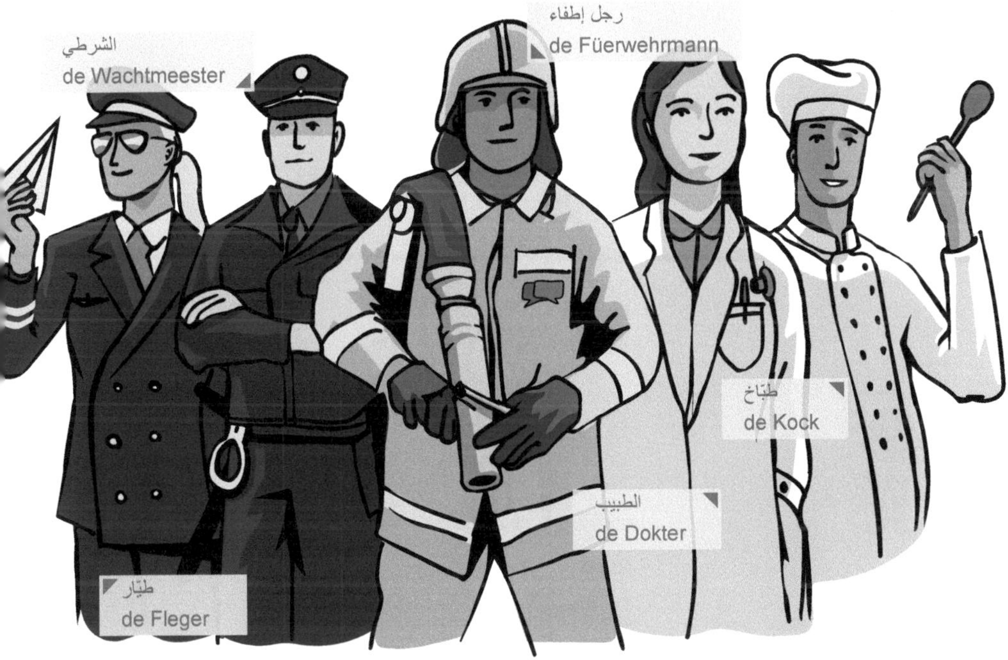
الشرطي
de Wachtmeester
رجل إطفاء
de Füerwehrmann
طبّاخ
de Kock
الطبيب
de Dokter
طيّار
de Fleger

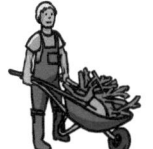

بستاني
....
de Goorner

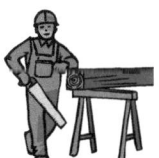

نجّار
....
de Discher

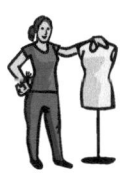

خيّاطة
....
de Neihersche

قاض
....
de Richter

كيميائي
....
de Chemiker

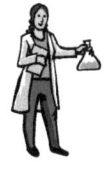

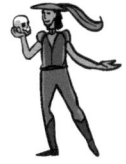

ممثل
....
de Schauspeler

سائق حافلة

de Busfohrer

سائق تاكسي

de Taxifohrer

صياد سمك

de Fischer

أجيرة للتنظيف

de Reinmaakfru

بناء سقف

de Dackdecker

نادل

de Kellner

صيّاد

de Jäger

رسّام

de Maler

خباز

de Bäcker

كهربائي

de Elektriker

عامل بناء

de Buarbeider

مهندس

de Ingenieur

لحّام

de Slachter

سمكري

de Klempner

ساعي البريد

de Postbüdel

جندي

de Suldat

مهندس معماري

de Architekt

أمين صندوق

de Kasserer

بائع الزهور

de Florist

حلاق

de Putzbüdel

مراقب القطار

de Schaffner

ميكانيكي

de Mechaniker

قبطان

de Kaptein

طبيب أسنان

de Tähndokter

رجل العلم

de Wetenschopler

حاخام

de Rabbi

إمام

de Imam

راهب

de Mönk

كاهن

de Paap

عدة عمل

dat Warktüüch

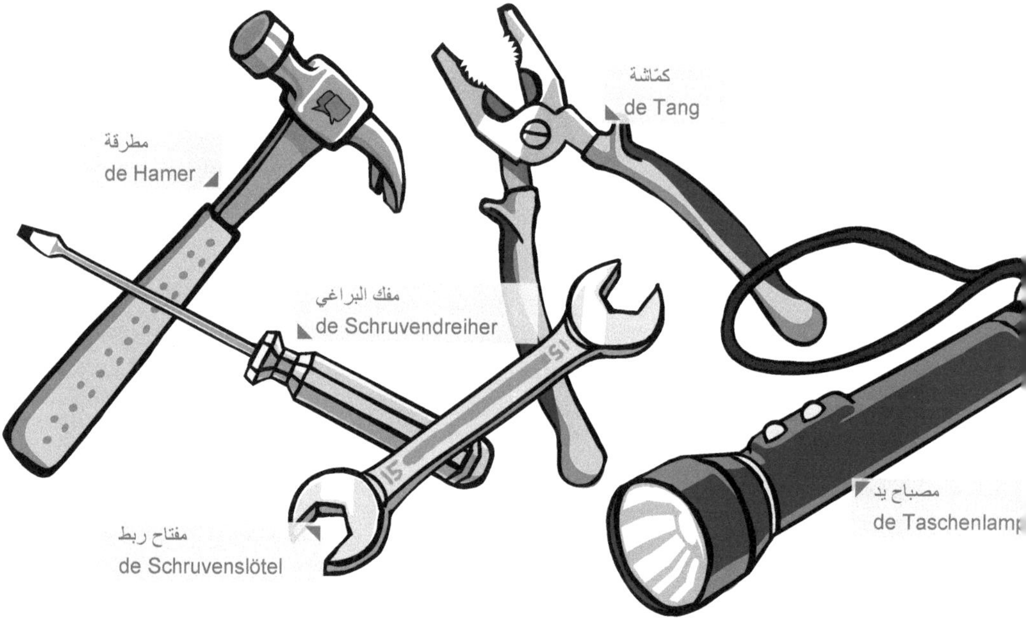
مطرقة
de Hamer
كمّاشة
de Tang
مفك البراغي
de Schruvendreiher
مفتاح ربط
de Schruvenslötel
مصباح يد
de Taschenlamp

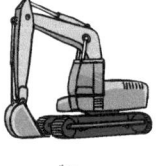

جرافة

de Grieper

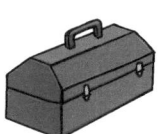

صندوق العدة

de Warktüüchkassen

سلّم

de Ledder

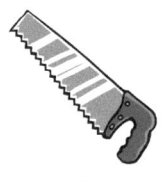

منشار

de Saag

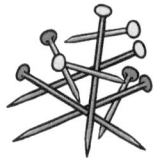

مسامير

de Nagels

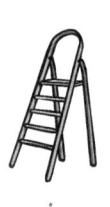

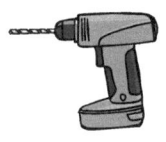

مثقب

de Bohrer

يصلح

heelmaken

مجرفة

de Schüffel

اللعنة

Schiet!

لقاطة الكناسة

dat Kehrblick

سطل الألوان

de Farvpott

براغي

de Schruven

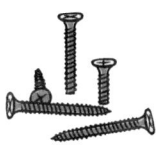

آلات موسيقية

de Musikinstrumenten

مكبر الصوت
de Luutsnacker

آلات الإيقاع
dat Slagtüüch

غيتار
de Rietfiedel

كمان أجهر
de Bass-Vigelien

بوق
de Trumpeet

بيانو

dat Klaveer

كمنجة

de Vigelien

جهير

de Bass

طبل كبير

de Pauk

طبل

de Trummeln

بيانو كهربائي

dat Keyboard

ساكسوفون

dat Saxophon

ناي

de Fleut

ميكروفون

dat Mikrofoon

حديقة حيوانات

de Deertenpark

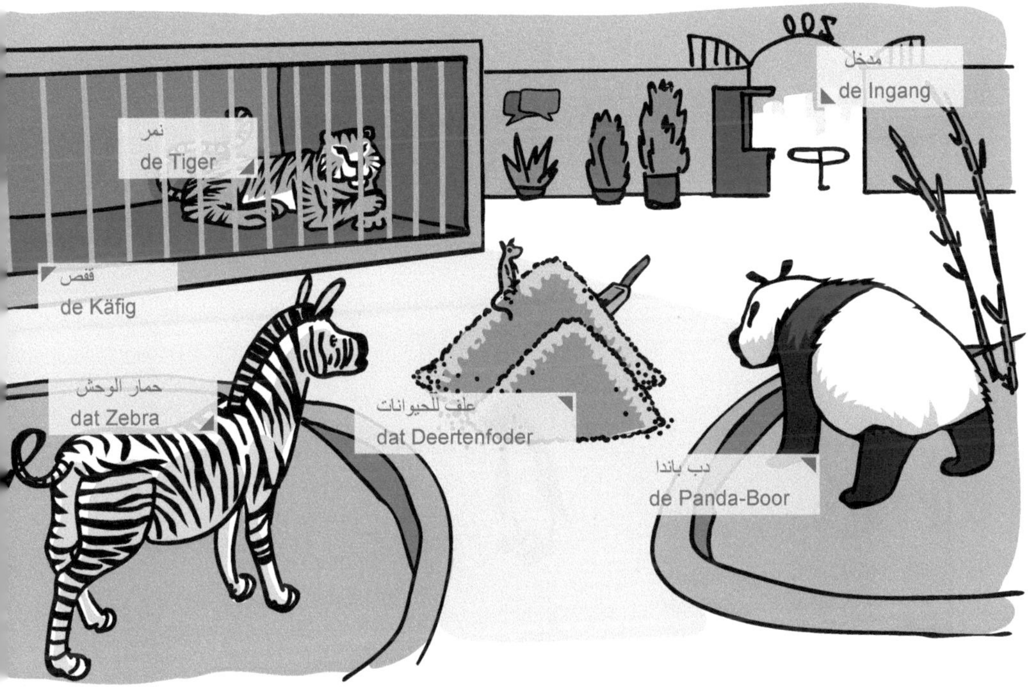

مدخل
de Ingang
نمر
de Tiger
قفص
de Käfig
حمار الوحش
dat Zebra
علف للحيوانات
dat Deertenfoder
دب باندا
de Panda-Boor

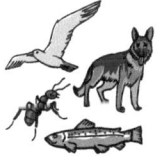

حيوانات

de Deerten

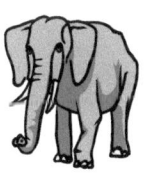

فيل

de Elefant

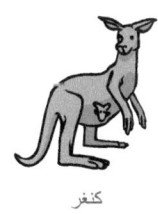

كنغر

dat Känguru

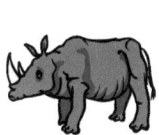

وحيد القرن

dat Neeshoorn

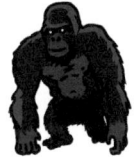

غوريلا

de Gorilla

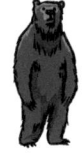

دب

de Boor

جمل

dat Kameel

نعامة

de Struuß

أسد

de Lööv

قرد

de Aap

طائر فلامينغو

de Flamingo

ببغاء

de Papagoi

دب قطبي

de Iesboor

بطريق

de Pinguin

سمك القرش

de Haifisch

طاووس

de Pageluun

أفعى

de Slang

تمساح

dat Krokodil

حارس في حديقة الحيوان

de Oppasser in'n
Deertenpark

عجل البحر

de Saalhund

نمر أمريكي مرقط

de Jaguor

فرس قزم

dat Pony

نمر

de Leopard

فرس النهر

dat Nilpeerd

زرافة

de Giraff

نسر

de Aadler

خنزير برّي

dat Wildswien

سمك

de Fisch

سلحفاة

de Schildkrööt

حيوان فظ البحري

dat Walross

ثعلب

de Voss

غزال

de Gazell

كرة القدم الأمريكية
de Amerikaansch Football

ركوب الدراجات
dat Radfohren

كرة التنس
dat Tennis

كرة السلة
de Korfball

السباحة
dat Swümmen

الملاكمة
dat Boxen

هوكي الجليد
dat Ieshockey

كرة القدم
de Football

الريشة الطائرة
dat Fedderball

ألعاب القوى الخفيفة
de Leichtathletik

كرة اليد
de Handball

التزلج على الثلج
dat Skilopen

بولو
dat Polo

نشاطات

de Aktivitäten

يضحك
lachen
يقفز
springen
يعانق
ümarmen
يمشي
gahn
يغنّي
singen
يحلم
drömen
يصلّي
beden
يقبل
snuteln

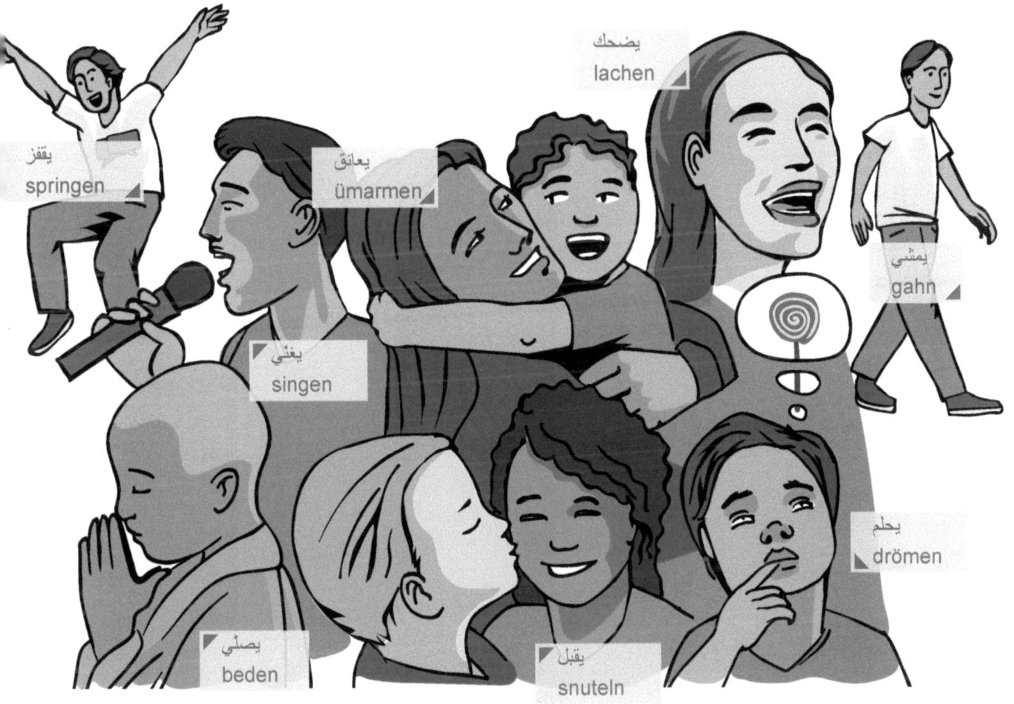

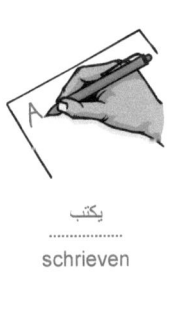

يكتب
schrieven

يرسم
teken

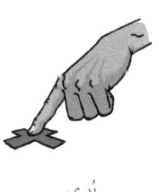

يُري
wiesen

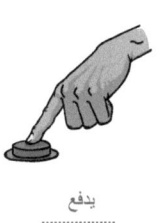

يدفع
drücken

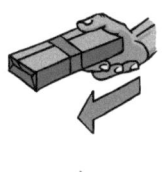

يعطي
geven

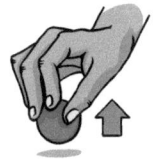

يأخذ
nehmen

يملك

hebben

يعمل

doon

يوجد

sien

يقف

stahn

يركض

lopen

يسحب

trecken

يرمي

smieten

يقع

fallen

يستلقي

liggen

ينتظر

töven

يحمل

dregen

يجلس

sitten

يلبس

antrecken

ينام

slapen

يستيقظ

opwaken

ينظر إلى ..
....
ankieken

يبكي
....
wenen

يمسّد
....
eien

يمشّط
....
kämmen

يتكلّم
....
snacken

يفهم
....
verstahn

يسأل
....
fragen

يسمع
....
hören

يشرب
....
drinken

يأكل
....
eten

يرتّب
....
oprümen

يحب
....
leefhebben

يطبخ
....
kaken

يقود
....
fohren

يطير
....
flegen

يبحر بزورق شراعي

segeln

يحسب

reken

يقرأ

lesen

يتعلم

lehren

يعمل

arbeiden

يتزوج

de Plünnen tohoopsmieten

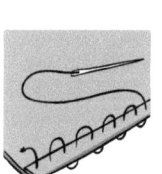

يخيط

neihen

ينظف أسنانه

Tähnen putzen

يقتل

dootmaken

يدخّن

smöken

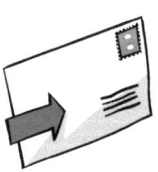

يرسل

schicken

عائلة

de Familje

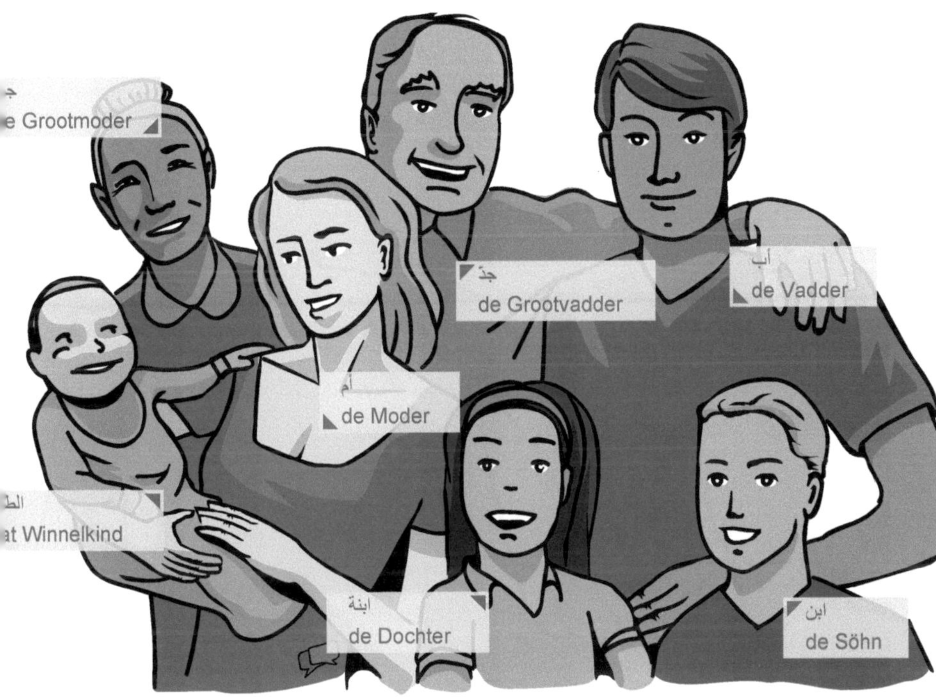
e Grootmoder
جدّ
de Grootvadder
أب
de Vadder
أم
de Moder
at Winnelkind
ابنة
de Dochter
ابن
de Söhn

ضيف

de Gast

عمّة / خالة

de Tant

عمّ / خال

de Unkel

أخ

de Broder

أخت

de Süster

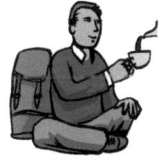

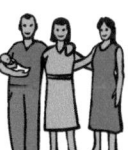

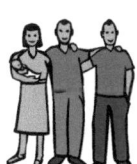

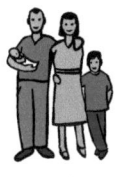

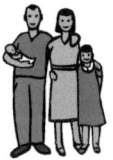

de Lief

الجبين
de Vörkopp

العين
dat Oog

الكتف
de Schuller

الإصبع
de Finger

الوجه
dat Gesicht

الذقن
dat Kinn

اليد
de Hand

الصدر
de Bost

الساق
dat Been

الذراع
de Arm

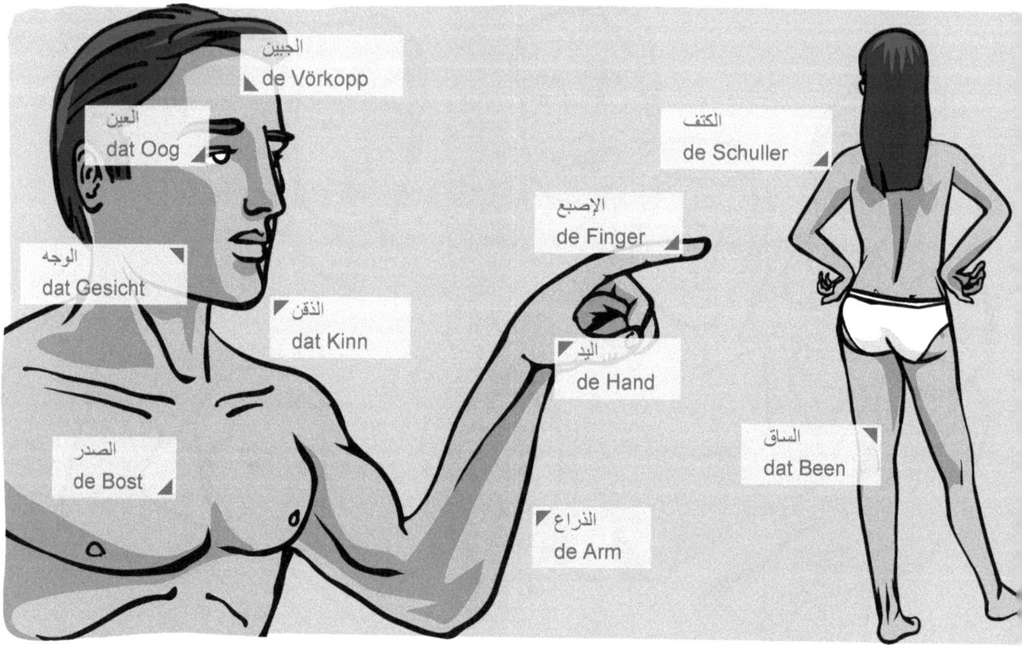

الطفل
....
dat Winnelkind

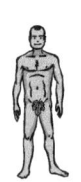

الرجل
....
de Mann

المرأة
....
de Fro

البنت
....
de Deern

الولد
....
de Jung

الرأس
....
de Arm

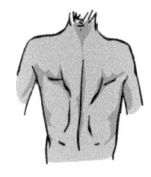

الظهر
....
de Rüch

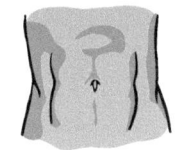

البطن
....
de Buuk

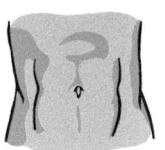

السرّة
....
de Navel

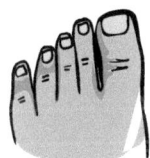

إصبع القدم
....
de Teh

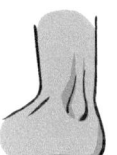

الكعب
....
de Hack

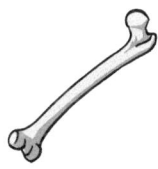

العظم
....
de Knaken

الورك
....
de Hüft

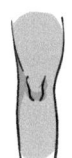

الركبة
....
dat Knee

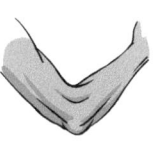

المرفق
....
de Ellbagen

الأنف
....
de Nees

العَجُز
....
de Achtersen

البشرة
....
de Huut

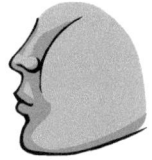

الخد
....
de Back

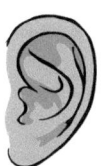

الأذن
....
dat Ohr

الشفة
....
de Lipp

الجسم - de Lief

69

الفم

de Mund

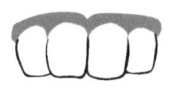

السن

de Tähn

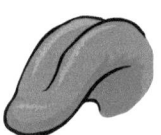

اللسان

de Tung

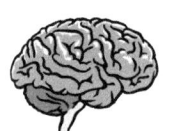

الدماغ

de Bregen

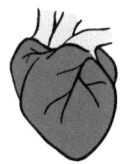

القلب

dat Hart

العضلة

de Muskel

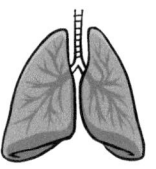

الرئة

de Lung

الكبد

de Lever

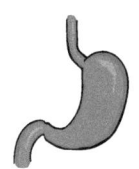

المعدة

de Maag

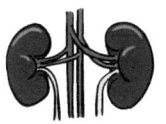

الكلى

de Neren

الاتصال الجنسي

de Bislaap

الواقي المطاطي

dat Kondoom

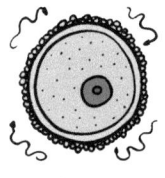

البويضة

de Eizell

المنيّ

dat Sperma

الحمل

de Anner Ümstänn

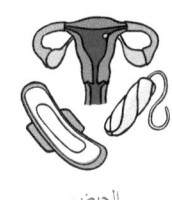

الحيض

de Menstruatschoon

المهبل

de Scheed

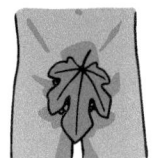

القضيب

de Pint

الحاجب

de Ogenbroe

الشعر

dat Hoor

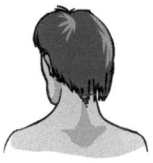

الرقبة

de Hals

المستشفى
dat Krankenhuus

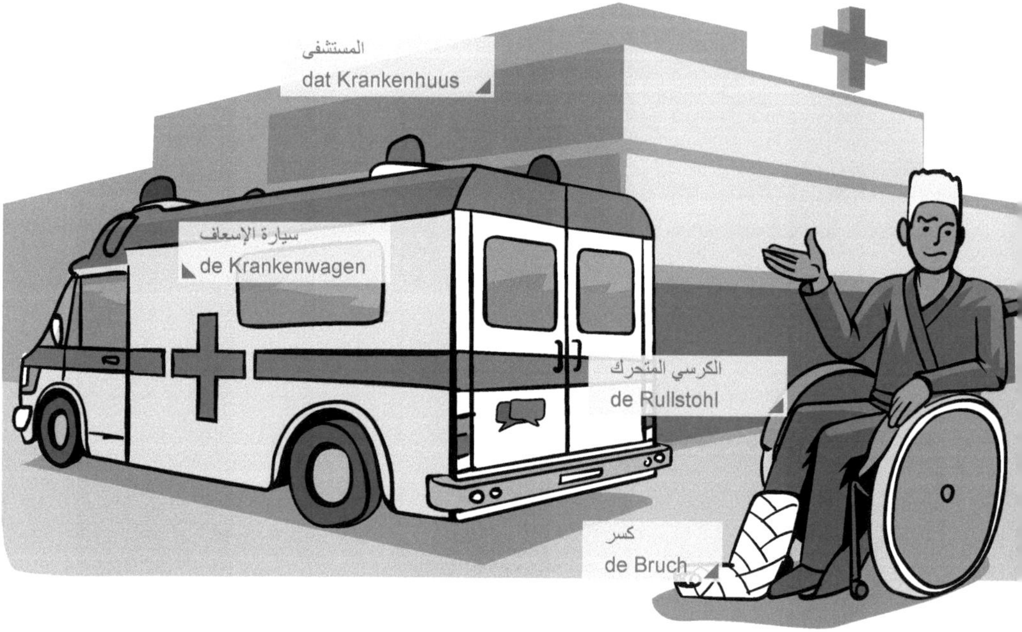

المستشفى
dat Krankenhuus
سيارة الإسعاف
de Krankenwagen
الكرسي المتحرك
de Rullstohl
كسر
de Bruch

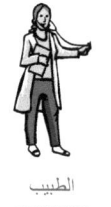

الطبيب
....
de Dokter

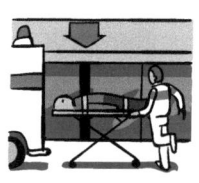

غرفة الإسعاف
....
de Nootopnahm

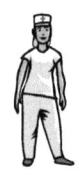

الممرضة
....
de Krankensüster

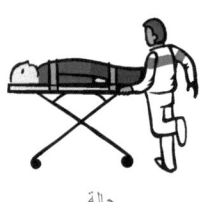

حالة
....
de Nootfall

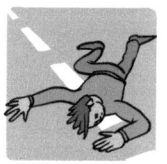

مغمى عليه
....
ahnmächtig

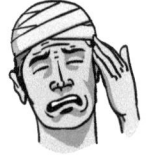

الألم
....
de Wehdaag

إصابة

de Verwunnen

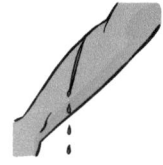

النزيف

de Blöden

احتشاء القلب

de Hartinfarkt

جلطة

de Slaganfall

حسسية

de Allergie

السعال

de Hoosten

الحُمّى

dat Fever

إنفلونزا

de Gripp

الإسهال

de Dörchfall

وجع الرأس

de Koppwehdaag

السرطان

de Kreeft

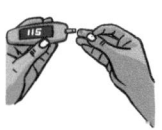

مرض السكر

de Zuckersüük

جرّاح

de Chirurg

مبضع

dat Chirurgsch Mess

عملية

de Operatschoon

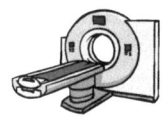

سيتي سكان

dat CT

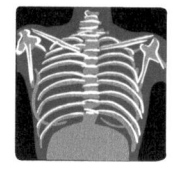

الأشعة السينية

de Dörchlüchten

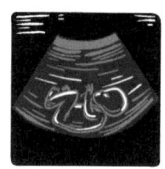

فوق الصوتي

de Ultraschall

القناع

de Mask

المرض

de Krankheit

غرفة الانتظار

de Töövruum

العُكاز

de Krück

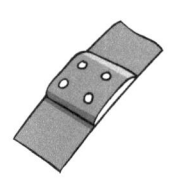

شريط لاصق

dat Plaaster

ضماد

de Verband

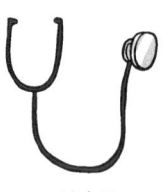

حقنة

de Insprütten

سمّاعة الطبيب

dat Stethoskop

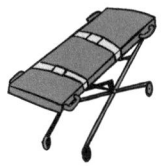

نقالة

de Draag

ميزان حرارة

dat Feverthermometer

ولادة

de Geboort

وزن زائد

dat Övergewicht

جهاز السمع

de Höörapparat

المواد المعقمة

dat Kiemfriemiddel

عدوى

de Ansteken

فيروس

de Virus

الإيدز

dat HIV / AIDS

الطب

dat Heelmiddel

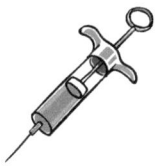

اللقاح

de Impen

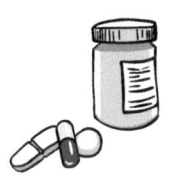

أقراص الدواء

de Tabletten

حبّة الدواء

de Pill

نداء النجدة

de Nootroop

مقياس ضغط الدم

de Blootdruck-Meter

مريض / صحيح

krank / gesund

النجدة!

Hölp!

إنذار

de Alarm

اعتداء

de Överfall

هجوم

de Angreep

خطر

de Gefohr

مخرج طوارئ

de Nootutgang

حريق!

dat Füer!

جهاز الإطفاء

de Füerlöscher

حادث

de Unfall

حقيبة الإسعاف الأولي

de Noothölpkoffer

أنقذونا

SOS

الشرطة

de Polizei

أوروبا

Europa

أمريكا الشمالية

Noordamerika

أمريكا الجنوبية

Süüdamerika

أفريقيا

Afrika

آسيا

Asien

أستراليا

Australien

المحيط الأطلسي

de Atlantik

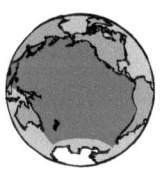

المحيط الهادي

de Pazifik

المحيط الهندي

dat Indisch Weltmeer

المحيط المتجمد الجنوبي

dat Antarktisch Weltmeer

المحيط المتجمد الشمالي

dat Arktisch Weltmeer

القطب الشمالي

de Noordpol

القطب الجنوبي
....
de Süüdpol

منطقة القطب الجنوبي
....
de Antarktis

أرض
....
de Eerd

بر
....
dat Land

بحر
....
de See

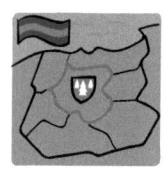

جزيرة
....
dat Eiland

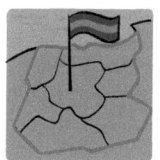

أمة
....
de Natschoon

دولة
....
de Staat

ميناء الساعة
....
dat Tallenblatt

عقرب الساعات
....
de Stunnenwieser

عقرب الدقائق
....
de Minutenwieser

عقرب الثواني
....
de Sekunnenwieser

كم الساعة الآن؟
....
Wo laat is dat?

يوم
....
de Dag

زمن
....
de Tiet

الآن
....
nu

ساعة رقمية
....
de digetaalsch Klock

دقيقة
....
de Minuut

ساعة
....
de Stunn

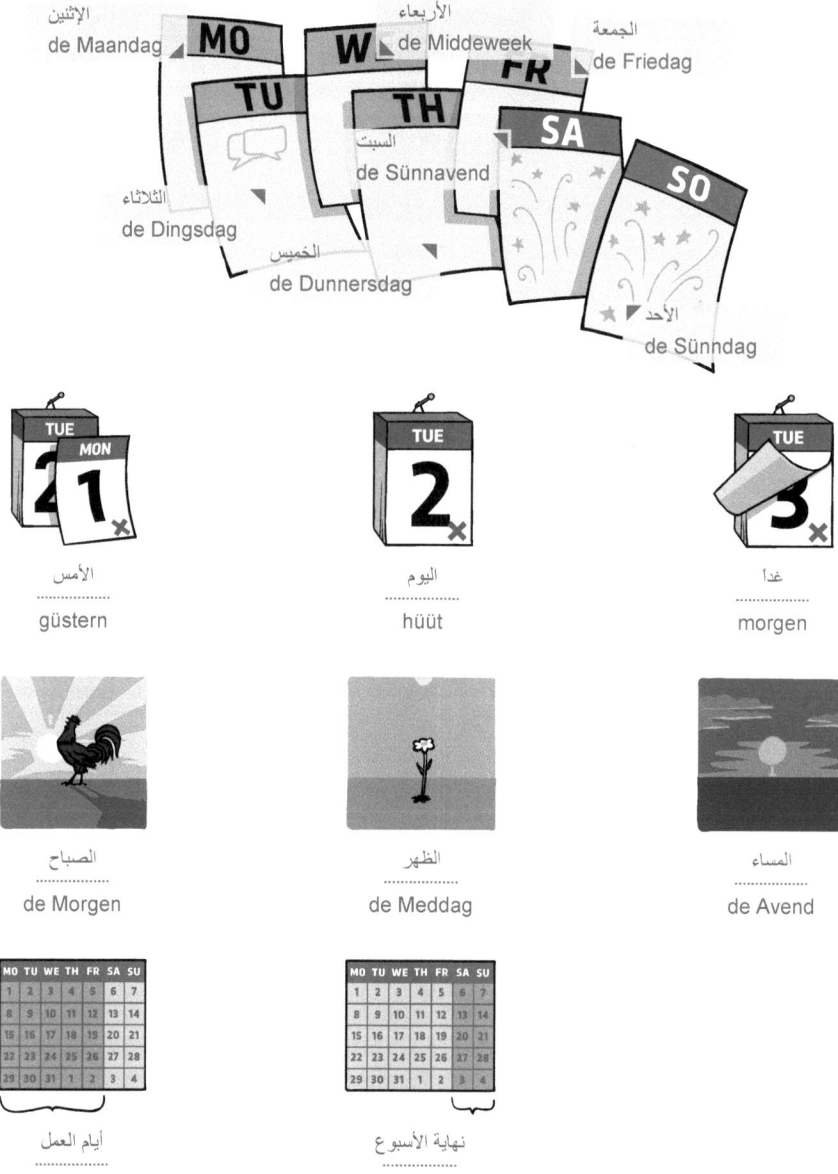

الإثنين
de Maandag

الأربعاء
de Middeweek

الجمعة
de Friedag

الثلاثاء
de Dingsdag

الخميس
de Dunnersdag

السبت
de Sünnavend

الأحد
de Sünndag

الأمس
güstern

اليوم
hüüt

غدا
morgen

الصباح
de Morgen

الظهر
de Meddag

المساء
de Avend

أيام العمل
de Arbeitsdaag

نهاية الأسبوع
dat Wekenenn

سنة
dat Johr

مطر
de Regen
قوس قزح
de Regenbagen
ريح
de Wind
ثلج
de Snee
الربيع
dat Fröhjohr
الصيف
de Sommer
الخريف
de Harvst
الشتاء
de Winter

4.APRIL 11°
5.APRIL 4°
6.APRIL 13°
7.APRIL 8°
8.APRIL 10°

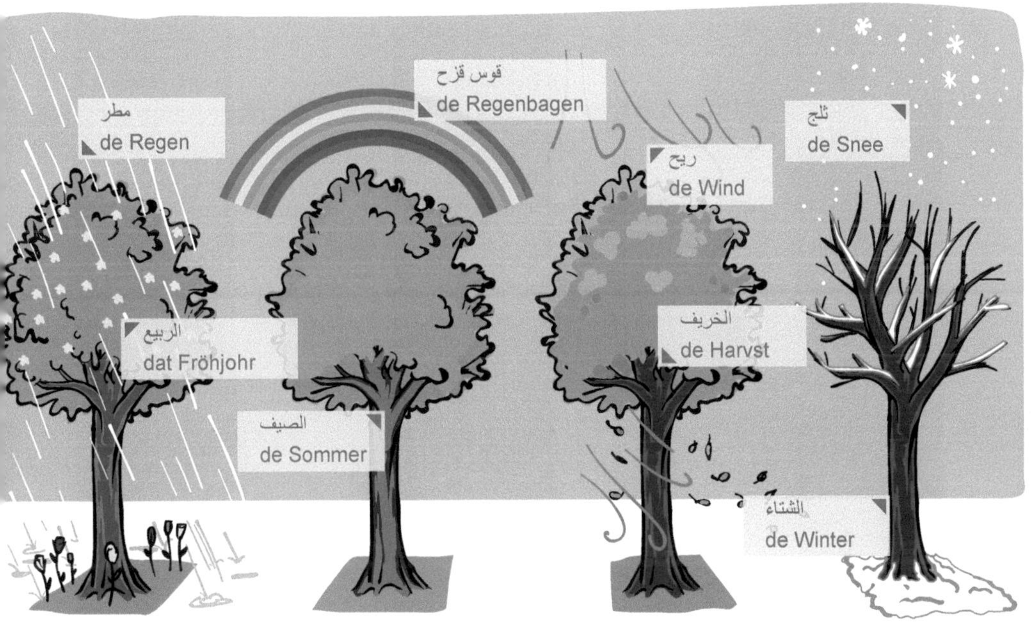

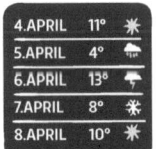

التنبّؤ بالحالة الجوية

de Wedervörhersaag

F C
120 40
90 30
60 20
30 10
0 0
-30 -10
-20

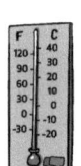

مقياس حرارة

dat Thermometer

ضوء الشمس

de Sünnenschien

سحابة

de Wulk

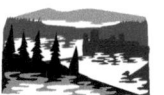

ضباب

de Nevel

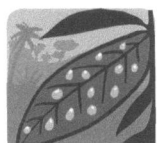

رطوبة الجو

de Luftfuchtigkeit

برق

de Blitz

رعد

de Dunner

عاصفة

de Storm

بَرَد

de Hagel

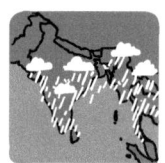

ريح موسمية

de Monsun

طوفان

de Floot

جليد

dat Ies

كانون الثاني / يناير

de Januormaand

شباط / فبراير

de Februormaand

آذار / مارس

de Martmaand

نيسان / أبريل

de Aprilmaand

أيار / مايو

de Maimaand

حزيرأن / يونيو

de Junimaand

تموز / يوليو

de Julimaand

آب / أغسطس

de Augustmaand

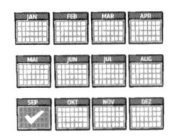

أيلول / سبتمبر
....
de Septembermaand

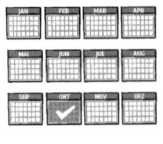

تشرين الأول / أكتوبر
....
de Oktobermaand

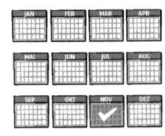

تشرين الثاني / نوفمبر
....
de Novembermaand

كانون الأول / ديسمبر
....
de Dezembermaand

de Formen

دائرة
....
de Krink

مربّع
....
dat Quadrat

مستطيل
....
dat Rechteck

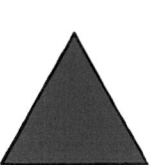

مثلّث
....
dat Dreeeck

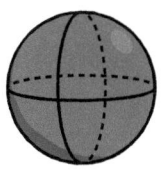

كرة
....
de Kugel

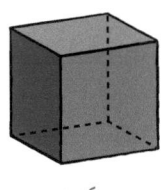

مكعب
....
de Wörpel

de Farven

أبيض

witt

أصفر

geel

برتقالي

orangsch

وردي

pink

أحمر

root

بنفسجي

lila

أزرق

blau

أخضر

gröön

بني

bruun

رمادي

gries

أسود

swart

de Gegendelen

كثير / قليل

veel / wenig

غضبان / هادئ

böös / verdreeglich

جميل / قبيح

smuck / mies

بداية / نهاية

de Begünn / dat Enn

كبير / صغير

groot / lütt

فاتح / قاتم

hell / düüster

أخ / أخت

de Broder / de Süster

نظيف / وسخ

schier / schietig

كامل / ناقص

kumpleet / nich kumpleet

نهار / ليل

de Dag / de Nacht

ميت / حيّ

doot / lebennig

عريض / ضيّق

breet / small

صالح للأكل / غير صالح

geneetbor / nich geneetbor

شرّير / لطيف

böös / fründlich

مثير / ممل

fickerig / langwielt

سمين / نحيف

dick / dünn

أولاً / أخيراً

toeerst / toletzt

صديق / عدو

de Fründ / de Fiend

مليء / فارغ

vull / leddig

صلب / لَيِّن

hart / week

ثقيل / خفيف

swoor / licht

جوع / عطش

de Smacht / de Döst

مريض / صحيح

krank / gesund

غير شرعي / شرعي

nich na't Recht / na't Recht

ذكي / غبي

klook / dummerhaftig

يسار / يمين

linkerhand / rechterhand

قريب / بعيد

neeg / feern

جديد / مستعمل
....
nieg / bruukt

لا شيء / بعض الشيء
....
nix / wat

مسن / شاب
....
oolt / jung

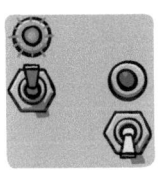

يشعل / يطفئ
....
an / ut

مفتوح / مغلق
....
apen / slaten

خافت / عالٍ
....
lies / luut

غني / فقير
....
riek / arm

صح / خطأ
....
richtig / verkehrt

أحرش / املس
....
ruug / glatt

حزين / سعيد
....
trurig / glücklich

قصير / طويل
....
kort / lang

بطيء / سريع
....
suutje / flink

مبلول / جاف
....
natt / dröög

ساخن / بارد
....
warm / köhl

حرب / سلم
....
de Krieg / de Freden

0	**1**	**2**
صفر	واحد	اثنان
null	een	twee

3	**4**	**5**
ثلاثة	أربعة	خمسة
dree	veer	fief

6	**7**	**8**
ستة	سبعة	ثمانية
söss	söven	acht

9	**10**	**11**
تسعة	عشرة	أحد عشر
negen	teihn	ölven

12

اثنا عشر

twölf

13

ثلاثة عشر

dörteihn

14

أربعة عشر

veerteihn

15

خمسة عشر

föffteihn

16

ستة عشر

sössteihn

17

سبعة عشر

söventeihn

18

ثمانية عشر

achtteihn

19

تسعة عشر

negenteihn

20

عشرون

twintig

100

مائة

hunnert

1.000

ألف

dusend

1.000.000

مليون

million

de Spraken

الإنكليزية

dat Engelsch

الإنكليزية الأمريكية

dat Amerikaansch Engelsch

لغة ماندارين الصينية

dat Chineesch Mandarin

الهندية

dat Hindi

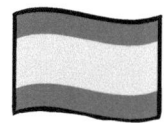

الإسبانية

dat Spaansch

الفرنسية

dat Franzöösch

العربية

dat Araabsch

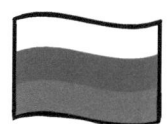

الروسية

dat Rusch

البرتغالية

dat Portugiesch

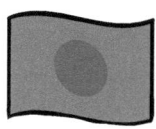

البنغالية

dat Bengaalsch

الألمانية

dat Düütsch

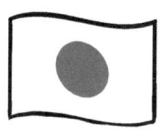

اليابانية

dat Japaansch

أنا
....
ik

أنتَ
....
du

هو / هي
....
he / se / dat

نحن
....
wi

أنتم
....
ji

هم
....
se

من؟
....
keen?

ماذا؟
....
wat?

كيف؟
....
woans?

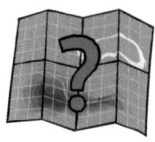

أين؟
....
woneem?

متى؟
....
wannehr?

اسم
....
de Naam

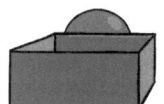

خلف
....
achter

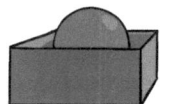

في
....
in

أمام
....
vör

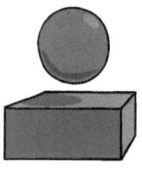

فوق
....
över

على
....
op

تحت
....
ünner

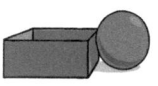

جنب
....
blangen

بين
....
twüschen

مكان
....
de Oort